Isabelle Guerre

Fotos von Fabrice Veigas

CURRYS

DIE BESTEN REZEPTE

Bassermann

INHALT

SALZ
+ PFEFFER

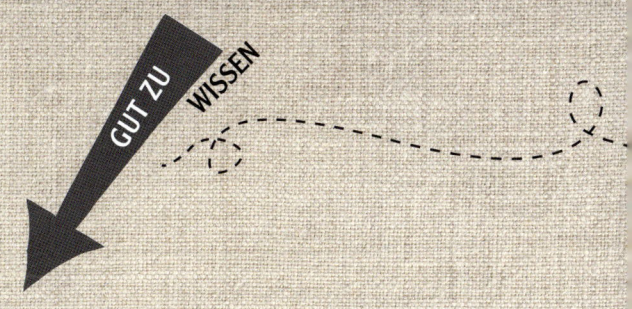

Currys sind der Inbegriff der asiatischen Küche und zeichnen sich durch eine Fülle von Gewürzen aus.

In Indien kennt man Currypulver, wie wir es hier verwenden, nicht. Dort verwendet man Masalas („Mischungen"), die aus ganzen, gerösteten und frisch gemahlenen Gewürzen hergestellt werden. Für Ihre Currys können Sie es ganz einfach halten: Wählen Sie ein fertig gemischtes Currypulver aus oder spielen Sie mit den Gewürzen aus Ihrem Schrank.

Thai-Currys bestehen aus einer Gewürzpaste mit verschiedenen Zutaten wie Chili (sehr viel!), Ingwer, Knoblauch, Zwiebeln und Kräutern sowie Kokosmilch. Die Currypasten sind in den internationalen Abteilungen von Supermärkten und in Asia-Märkten erhältlich. Grüne Currypaste ist am schärfsten, gefolgt von der roten und der milderen gelben, passen Sie die Mengen Ihrem Geschmack an. Sollte es doch zu scharf sein, kann Naturjoghurt Wunder wirken.

Und jetzt an die Töpfe und verwöhnen Sie Ihre Gäste!

1 Zwiebeln und Knoblauch abziehen und hacken. Das Fleisch würfeln. 2 EL Öl in einem Topf erhitzen, Zwiebel und Knoblauch darin 3 Minuten braten.

2 Die Kardamomkapseln zerdrücken und die Samen herauslösen. Die Hüllen entfernen und die Samen leicht im Mörser zerstoßen. Zusammen mit den übrigen Gewürzen in den Topf geben und 1 Minute umrühren. Das Hähnchenfleisch und die Rosinen zufügen. Umrühren, dann 200 ml Wasser zugießen.

3 Abgedeckt 25 Minuten unter gelegentlichem Rühren köcheln lassen, bis das Fleisch zart ist. Mit dem Koriander bestreuen und mit Basmatireis als Beilage servieren.

GEFLÜGEL – 8

FÜR **4** PERSONEN

VORBEREITEN: 20 MIN.
GAREN: 30 MIN.

CHICKEN-CURRY
indische Art

40 g Rosinen

600 g Hähnchenbrustfilet

2 Zwiebeln

2 Knoblauchzehen

SONNEN-BLUMENÖL

1 TL gemahlener Kreuzkümmel

¼ TL Chilipulver

1 TL gemahlener Ingwer

¼ TL geriebene Muskatnuss

KORIANDER-BLÄTTER

3 grüne Kardamomkapseln

1 TL gemahlene Kurkuma

Ein großer
Klassiker

CHICKEN-CURRY
thailändische Art

400 g Hähnchenbrustfilet

1 EL rote Thai-Currypaste

Blätter von ½ Bund Thailändischem Basilikum

SONNEN-BLUMENÖL

2 SCHALOTTEN

250 ml Kokosmilch

500 g Brokkoli

2 Limetten

1 Stängel Zitronengras

2 EL Nuoc-mâm

Das Rezept

1 Die Schalotten abziehen und in Streifen schneiden, das Zitronengras in Ringe schneiden. Den Brokkoli in Röschen zerteilen. 1 EL Öl in einer Pfanne erhitzen und Schalotten, Zitronengras und Currypaste darin 1 Minute braten.

2 Das Hähnchenfleisch würfeln und zufügen, dann die Kokosmilch einrühren. Alles zum Kochen bringen, dann den Brokkoli und 200 ml Wasser hinzufügen. Mit dem Saft von 1 Limette und Nuoc-mâm würzen. 20 Minuten köcheln lassen.

3 Vor dem Servieren mit dem gehackten Basilikum bestreuen. Die andere Limette in Spalten schneiden und dazu reichen. Alternativ mit Zucchini oder Süßkartoffeln zubereiten.

FÜR **4** PERSONEN

VORBEREITEN: 30 MIN.
GAREN: 25 MIN.

THAI-HÜHNERSUPPE
mit Kokos

400 g Hähnchenbrustfilet

100 g Reisnudeln

1 Limette

100 ml Nuoc-mâm

100 G BROKKOLI

500 ml Kokosmilch

200 G CHAMPIGNONS

1 EL GRÜNE THAI-CURRYPASTE

1 Die Reisnudeln nach Packungsangabe in kochendem Wasser einweichen. Das Fleisch in Streifen schneiden. Den Brokkoli in Röschen zerteilen und die Champignons in Scheiben schneiden. Die Reisnudeln abgießen und unter fließend kaltem Wasser abspülen.

2 Die Kokosmilch mit 300 ml Wasser und Nuoc-mâm in einem Topf erhitzen. Zuerst Champignons und Currypaste, dann Hühnchen und Brokkoli hinzufügen. 10 Minuten köcheln lassen.

3 Die Nudeln in die Suppe geben und durcherhitzen. Chilischote und Frühlingszwiebel in feine Ringe schneiden. Die Suppe kurz vor dem Servieren mit dem Limettensaft beträufeln und mit Chiliringen, Koriander und Frühlingszwiebel bestreut reichen.

GEFLÜGEL – 12

FÜR **4** PERSONEN

VORBEREITEN: 25 MIN.
GAREN: 20 MIN.

Rote Chili, Frühlingszwiebel
und Koriander

In Thailand
wird diese Suppe
Tom Ka Gai genannt.

CHICKEN-CURRY
mit Cashewkernen

2 EL Sojasauce

400 g Hähnchenbrustfilet

2 Frühlings-zwiebeln

100 G UNGESALZENE CASHEWKERNE

SONNEN-BLUMENÖL

1 EL Currypulver

250 g Champignons

1 Zwiebel

2 EL Speisestärke

1 Die Zwiebel abziehen und in grobe Stücke schneiden. Die Champignons in Scheiben schneiden. Das Hähnchenfleisch grob würfeln und in der Speise-stärke wenden. 2 EL Öl in einem Wok erhitzen, Fleisch und Zwie-bel darin anbräunen. Mit Curry-pulver bestreuen, umrühren, dann die Champignons dazuge-ben und 5 Minuten weiterbraten.

2 Die Frühlingszwiebeln grob hacken. Sojasauce und Cashewkerne ins Curry einrüh-ren, etwas Wasser zugießen und alles 5 Minuten köcheln lassen. Mit Frühlingszwiebeln bestreut servieren.

GEFLÜGEL – 14

FÜR **4** PERSONEN
VORBEREITEN: 15 MIN.
GAREN: 15 MIN.

1 Die Hähnchenschenkel in Unter- und Oberkeule zerlegen und letztere in Stücke zerteilen. 2 EL Öl in einem Wok erhitzen und die Unterkeulen 5 Minuten von allen Seiten anbräunen. Die Oberkeulenstücke hinzufügen und ebenfalls anbräunen.

2 Die Zwiebel abziehen und hacken, das Zitronengras längs halbieren und die Frühlingszwiebeln hacken.

3 Zwiebel, Curry und Zitronengras zum Fleisch geben. Salz, Pfeffer und Kokosmilch hinzufügen. Abgedeckt 20 Minuten köcheln lassen, dabei gelegentlich umrühren. Mit Frühlingszwiebeln bestreuen und mit breiten Reisnudeln als Beilage servieren.

FÜR **4** PERSONEN

VORBEREITEN: 30 MIN.
GAREN: 35 MIN.

CHICKEN-CURRY
vietnamesische Art

4 Hähnchenschenkel

1 Zwiebel

SALZ +
PFEFFER +
SONNEN-
BLUMENÖL

2 EL Currypulver

2 Stängel Zitronengras

250 ml Kokosmilch

2 Frühlingszwiebeln

Ein etwas
anderes Curry

COLOMBO
kreolisches Curry

Lorbeerblatt

2 Knoblauchzehen

3 EL Colombo-Pulver

2 EL Tomatenmark

Gemüsebrühwürfel

1 Limette

SONNEN-BLUMENÖL

800 g Schweine-fleischgulasch

50 G ROSINEN

1 Den Knoblauch abziehen und hacken. 3 EL Öl in einem Topf erhitzen und das Fleisch von allen Seiten darin anbräunen. Den Knoblauch zufügen und 2 Minuten weiterbraten.

2 Gewürze und Lorbeerblatt zugeben, dann den Brühwürfel mit 300 ml Wasser und Tomatenmark einrühren.

3 Die Rosinen zugeben, das Curry umrühren und abdecken. Unter gelegentlichem Rühren 40 Minuten köcheln lassen. Die Limette in Spalten schneiden. Das Curry mit Reis und Limettenspalten servieren.

FÜR **4** PERSONEN

VORBEREITEN: 20 MIN.
GAREN: 45 MIN.

Auch bekannt
als karibisches
Curry

1 Das Fleisch würfeln. Zwiebeln und Knoblauch abziehen, die Zwiebeln in Streifen und den Knoblauch in Scheiben schneiden. Die Kardamomkapseln zerdrücken und die Samen herauslösen. Die Hüllen entfernen. Die Samen leicht im Mörser zerstoßen. Den Koriander grob hacken.

2 3 EL Öl in einer Pfanne erhitzen und das Fleisch von allen Seiten darin anbräunen. Zwiebeln, Knoblauch, Ingwer und Gewürze hinzufügen. Ein paar Minuten unter Rühren braten.

3 Die gehackten Tomaten mit 200 ml Wasser, Salz und Pfeffer zugeben. Abdecken und 40 Minuten unter gelegentlichem Rühren köcheln lassen. Mit Koriander bestreuen und mit Basmatireis servieren.

FÜR **4** PERSONEN

VORBEREITEN: 20 MIN.
GAREN: 45 MIN.

LAMMCURRY
indische Art

800 g Lammschulter

200 g gehackte Tomaten aus der Dose

2 Zwiebeln

SONNEN-BLUMENÖL

SALZ UND PFEFFER

1 EL GEMAHLENER KREUZKÜMMEL

4 GRÜNE KARDAMOMKAPSELN

1 TL CHILIPULVER

1 EL GEMAHLENE KURKUMA

½ EL GERIEBENER INGWER

3 KNOBLAUCHZEHEN

Korianderblätter

Auch lecker mit Rindfleisch oder Hähnchenschenkeln

1 Das Fleisch würfeln. Die Currypaste mit einigen Tropfen Öl 1 Minute in einem Topf erhitzen. Fleisch, Zimt, die Hälfte der Kokosmilch und Zucker hinzufügen. Alles 30 Minuten köcheln lassen.

2 Die Kartoffeln schälen und in mundgerechte Stücke schneiden, die Zwiebeln abziehen und in grobe Stücke schneiden. Die Limette auspressen. Kartoffeln, Zwiebeln, restliche Kokosmilch, Limettensaft und 200 ml Wasser mit in den Topf geben. Mindestens 30 Minuten köcheln lassen, bis das Fleisch zart ist und die Kartoffeln gar sind.

3 Erdnüsse und Frühlingszwiebel grob hacken. Das Curry damit bestreuen und servieren.

FLEISCH – 22

FÜR **4** PERSONEN

VORBEREITEN: 20 MIN.
GAREN: 1 STD.

MASSAMAN-CURRY
mit Rind und Kartoffeln

SONNEN-BLUMENÖL

600 g Rumpsteak

4 FESTKOCHENDE KARTOFFELN

2 Zwiebeln

1 Limette

2 EL Massaman-Currypaste

2 EL brauner Zucker

400 ml Kokosmilch

1 Zimtstange

50 g gesalzene Erdnusskerne

1 Frühlings-
zwiebel

Typisch für
Südthailand

FLEISCHBÄLLCHENCURRY
mit Rind

1 Zwiebel

500 g Rinder-hackfleisch

½ Bund Koriander

1 EI

SALZ +
PFEFFER +
SONNEN-
BLUMENÖL

2 EL Madras-Currypulver

1 EL gemahlene Kurkuma

1 TL gemahlener Ingwer

+ gegarter
Basmatireis,
rote Chilischote
und Korianderblätter

1 Die Zwiebel abziehen und ha-cken. Den Koriander hacken und etwas davon zum Garnieren beiseitestellen. Den Rest zu-sammen mit den Zwiebeln unter das Fleisch mischen. Ei und Gewürze dazugeben und alles gut vermengen. Aus der Masse Fleischbällchen in der Größe von Golfbällen formen.

2 4 EL Öl in einer Pfanne erhit-zen und die Fleischbällchen darin von allen Seiten anbräu-nen. Abgedeckt 10 Minuten wei-terbraten, dabei regelmäßig wenden.

3 Die Fleischbällchen auf den Basmatireis geben und mit gehackter Chili und gehacktem Koriander servieren.

FÜR **4** PERSONEN

VORBEREITEN: 25 MIN.
GAREN: 15 MIN.

Auch Kinder
lieben sie!

1 Die äußerste Schicht vom Zitronengras entfernen und den Stängel bis auf den holzigen Stiel in feine Ringe schneiden. Die Schalotten abziehen und hacken. Die Zucchini putzen und in Stücke schneiden. 1 Limette auspressen und die andere in Spalten schneiden.

2 1 EL Öl in einer Pfanne erhitzen, Schalotten, Zitronengras und Currypaste 1 Minute darin braten.

3 Die Kokosmilch zugießen. Alles zum Kochen bringen und Garnelen, Zucchini und 200 ml Wasser zufügen. Mit Limettensaft und Nuoc-mâm würzen. 10–15 Minuten köcheln lassen. Mit gehackten Kräutern und Frühlingszwiebeln bestreuen und mit Limettenspalten servieren.

FÜR **4** PERSONEN

VORBEREITEN: 30 MIN.
GAREN: 20 MIN.

ROTES THAI-CURRY
mit Garnelen und Kokos

1 Stängel Zitronengras

2 Zucchini

2 SCHALOTTEN

2 Limetten

2 EL Nuoc-mâm

1 TL ROTE THAI-CURRYPASTE

SONNEN-BLUMENÖL

400 G KÜCHENFERTIGE ROHE RIESEN-GARNELEN

250 ml Kokosmilch

+ Thailändisches Basilikum oder Koriander und Frühlingszwiebel

Ein Fest
für Augen
und Gaumen!

GELBES THAI-CURRY
mit Garnelen und Mango

1 kleines Stück geschälter Ingwer

400 ml Kokosmilch

Knoblauchzehe

Limette

1 EL gelbe Thai-Currypaste

600 g rohe Riesen-Garnelen

2 EL Nuoc-mâm

1 ESSREIFE MANGO

SONNEN-BLUMENÖL

+ Thailändisches Basilikum oder Koriander

1 Den Knoblauch abziehen und hacken, den Ingwer reiben. Die Limette auspressen. Etwas Öl in einem Wok erhitzen, Knoblauch und Ingwer darin einige Sekunden braten. Die Kokosmilch einrühren und Currypaste, Nuoc-mâm und Limettensaft zugeben. Bei schwacher Hitze 2 Minuten köcheln lassen.

2 Die Mango schälen und würfeln. Die Garnelen schälen, dabei den Schwanz intakt lassen. In die Sauce geben und 5 Minuten garen. Die Mango zufügen und 5 Minuten mitgaren, dabei vorsichtig umrühren, bis sie durcherhitzt ist.

3 Basilikum oder Koriander hacken. Über das Curry streuen und heiß servieren.

FISCH UND MEERESFRÜCHTE – 28

FÜR **4** PERSONEN

VORBEREITEN: 15 MIN.
GAREN: 15 MIN.

Probieren Sie
das Curry einmal
mit Vollkorn-Basmatireis!

1 Den Ingwer reiben, die Chili fein hacken. Den Knoblauch abziehen und hacken. Etwas Öl in einem Wok erhitzen und Knoblauch, Ingwer und Chili, falls verwendet, einige Sekunden darin braten. Kokosmilch, Currypaste und Nuoc-mâm einrühren. Mit Limettensaft abschmecken und 5 Minuten bei niedriger Hitze köcheln lassen.

2 Frühlingszwiebel, Koriander und Chili grob hacken. Den Fisch in die Sauce geben und 10 Minuten garen. Den Spinat hinzufügen und sehr vorsichtig maximal 2 Minuten rühren, bis er gar ist. Mit Frühlingszwiebel, Koriander und Chili bestreut servieren.

FÜR 4 PERSONEN

VORBEREITEN: 15 MIN.
GAREN: 20 MIN.

GRÜNES THAI-CURRY
mit Weißfisch

1 Stängel Koriander

600 G LENG- ODER KABELJAUFILET

SONNENBLUMENÖL

400 ml Kokosmilch

1 große Handvoll Blattspinat

2 EL Nuoc-mâm

1 EL grüne Thai-Currypaste

1 kleines Stück geschälter Ingwer

1 Knoblauchzehe

1 ROTE CHILISCHOTE (OPTIONAL)

LIMETTENSAFT

+ Frühlingszwiebel,
Koriander und Chilischote

Sehr würzig!

TOM-YUM-SUPPE
mit Currygarnelen

100 G CHAMPIGNONS

3 FRÜHLINGSZWIEBELN

80 ml Nuoc-mâm

1 KAROTTE

300 g rohe Garnelen

GEHACKTER KORIANDER

2 Stängel Zitronengras

4-cm-Stück geschälter Ingwer

1 Limette

100 g Kokoscreme

4 KAFFIR-LIMETTENBLÄTTER

1 EL ROTE THAI-CURRYPASTE

1 Die Garnelen schälen, dabei die Schwänze intakt lassen. Schalen mit Köpfen aufbewahren. In einem Topf 2 Liter Wasser zum Kochen bringen. Köpfe und Schalen hineingeben.

2 Den Ingwer klein schneiden und das Zitronengras halbieren. Zusammen mit Nuoc-mâm und Limettenblättern in den Topf geben und 10 Minuten köcheln. Die Brühe durch ein Sieb gießen, ausdrücken und die Flüssigkeit in einem Topf auffangen.

3 Die Champignons in Scheiben, die Karotte in Bänder und die Frühlingszwiebeln in Ringe schneiden. Die Limette auspressen. Garnelen, Champignons, Karotte, Frühlingszwiebeln, Kokoscreme, Limettensaft und Currypaste in die Brühe geben. Etwa 10 Minuten köcheln lassen. Mit Koriander bestreut servieren.

FISCH UND MEERESFRÜCHTE – 32

FÜR **4** PERSONEN
VORBEREITEN: 20 MIN.
GAREN: 25 MIN.

Probieren Sie
Tom Yum auch einmal
mit Brokkoli oder Paprikaschote.

1 Die Meeresfrüchte auf einem Teller auftauen. Den Knoblauch abziehen und mit dem Ingwer hacken. Die Limette auspressen. Etwas Öl in einem Wok erhitzen, Knoblauch und Ingwer darin einige Sekunden braten. Die Kokosmilch zugießen. Currypaste, Nuoc-mâm und Limettensaft einrühren und 5 Minuten bei geringer Hitze köcheln lassen.

2 Die Meeresfrüchte in die Sauce geben und 10 Minuten garen. Den Spinat hinzufügen und 1–2 Minuten unter vorsichtigem Rühren mitkochen.

3 Chili, Frühlingszwiebel und Koriander hacken und über das Curry streuen. Heiß servieren.

FISCH UND MEERESFRÜCHTE – 34

FÜR **4** PERSONEN

VORBEREITEN: 15 MIN.
GAREN: 15 MIN.

GELBES THAI-CURRY
mit Meeresfrüchten

1 EL gelbe Thai-Currypaste

SONNEN-BLUMENÖL

1 Limette

1 Knoblauchzehe

1 große Handvoll Blattspinat

1 kleines Stück geschälter Ingwer

400 ml Kokosmilch

800 g TK-Meeresfrüchte-Mischung

2 EL Nuoc-mâm

kleine rote Chilischote, Frühlingszwiebel und Koriander

Ein frisches Sommergericht!

GARNELENCURRY
mit Zitronengras

600 G KÜCHENFERTIGE ROHE GARNELEN

1 ROTE PAPRIKASCHOTE

3 EL Nuoc-mâm

1 Limette

2 Knoblauchzehen

2-cm-Stück geschälter Ingwer

1 kleine rote Chilischote

1 Bund Koriander

2 Stängel Zitronengras

300 g griechischer Joghurt

SESAM- ODER SONNENBLUMENÖL

1 Die äußerste Schicht vom Zitronengras entfernen und den Stängel bis auf den holzigen Stiel in feine Ringe schneiden. Den Knoblauch abziehen und mit dem Ingwer in Stücke schneiden. Die Chili entkernen und mit dem Koriander grob hacken. Die Paprika würfeln.

2 Knoblauch, Ingwer, Zitronengras, Chili und die Hälfte des Korianders in einem Standmixer zu einer Paste pürieren. 1 EL Öl in einem Wok erhitzen und die Gewürzpaste darin 3 Minuten unter Rühren braten.

3 Die Garnelen zufügen und 5 Minuten garen. Limettensaft, Nuoc-mâm und Joghurt einrühren. Weiterrühren, bis die Sauce heiß ist. Mit Koriander und Paprika garnieren und mit Basmatireis servieren.

FISCH UND MEERESFRÜCHTE – 36

FÜR **4** PERSONEN

VORBEREITEN: 20 MIN.
GAREN: 15 MIN.

gekochter Basmatireis

Extra leicht!

1 Die Schalotten abziehen und hacken. Die Zucchini in Scheiben und die Karotten in Bänder schneiden. Den Fisch klein schneiden und den Koriander hacken. Die Limette auspressen.

2 Den Fisch mit Schalotten, Chilisauce, 2 EL Nuoc-mâm, Stärke und der Hälfte des Korianders zu einer Farce verrühren. Aus der Masse Fischbällchen in der Größe von Golfbällen formen.

3 Kokosmilch, Currypaste, Limettensaft und restliche Nuoc-mâm in einem Topf zum Kochen bringen.

4 Fischbällchen, Zucchini und Karotten hinzufügen und 10–15 Minuten köcheln lassen. Mit Koriander bestreut auf Basmatireis servieren.

FÜR 4 PERSONEN
VORBEREITEN: 30 MIN.
GAREN: 15 MIN.

GELBES THAI-CURRY
mit Fischbällchen

1 Zucchini

1 EL gelbe Thai-Currypaste

5 EL Nuoc-mâm

2 Karotten

2 EL süße Chilisauce

300 ml Kokosmilch

1 Limette

2 Schalotten

3 gehäufte EL Speisestärke

400 G SEELACHS- ODER LENGFILET

½ Bund Koriander

gekochter Basmatireis

Gesund und lecker.

ROTES THAI-CURRY
mit Tofu und Kürbis

1 rote Zwiebel

500 g Hokkaidokürbis

1 EL rote Thai-Currypaste

1 Limette

1 EL Sojasauce

1 kleine rote Chili-schote

2-CM-STÜCK GESCHÄLTER INGWER

200 g Tofu

250 ml Kokosmilch

1 Die Zwiebel abziehen und in Streifen schneiden. Den Kürbis in Spalten schneiden und den Tofu würfeln. Den Ingwer reiben, die Chili in feine Ringe schneiden, die Limette halbieren, eine Hälfte auspressen und die andere in Spalten schneiden. Koriander und Frühlingszwiebel hacken.

2 Kokosmilch und 100 ml Wasser in einen Topf gießen. Currypaste, Ingwer und Sojasauce zugeben und alles zum Kochen bringen.

3 Zwiebel, Kürbis und Limettensaft hinzufügen. 10 Minuten unter Rühren köcheln lassen.

4 Frühlingszwiebel, Koriander und Tofu dazugeben und 10 Minuten weiterkochen. Mit Chili, Frühlingszwiebel und Koriander bestreuen und mit Limettenspalten servieren.

GEMÜSE – 40

FÜR **4** PERSONEN

VORBEREITEN: 20 MIN.
GAREN: 20 MIN.

Frühlingszwiebel
und Korianderblätter

Im Sommer mit
Zucchini zubereiten

INDISCHES CURRY
mit Kichererbsen

SALZ
+ PFEFFER
+ SONNEN-
BLUMENÖL

100 g
Blattspinat

2 KNOBLAUCHZEHEN

400 g
Kichererbsen
aus der Dose

1-cm-Stück
geschälter
Ingwer

2 große
Zwiebeln

200 ml
Kokosmilch

I EL gemahlener
Kreuzkümmel

I TL Currypulver

I EL gemahlene
Kurkuma

400 g gehackte
Tomaten aus
der Dose

I TL Kreuzkümmelsamen

I TL Senfkörner

1 Zwiebeln und Knoblauch abziehen und hacken. Den Ingwer reiben. Die Kichererbsen abspülen und abtropfen lassen. 2 EL Öl in einem Topf erhitzen, Zwiebeln und Knoblauch darin dünsten. Ingwer und Gewürze zufügen und 1–2 Minuten unter Rühren garen.

2 Tomaten, Kokosmilch, Salz und Pfeffer hinzufügen und 10 Minuten köcheln lassen. Die Kichererbsen dazugeben. Alles abgedeckt 10 Minuten köcheln lassen. Wenn das Curry zu stark einkocht, mit Wasser strecken.

3 Den Spinat 1–2 Minuten vor Ende der Garzeit einrühren. Mit Basmati- oder Vollkornreis servieren.

FÜR **4** PERSONEN

VORBEREITEN: 15 MIN.
GAREN: 25 MIN.

gekochter Basmatireis

Ein vegetarisches Gericht mit Fernweh!

Das Rezept

1 Den Tofu in Würfel schneiden und in eine Schüssel geben. Gewürze, 1 EL Öl, Salz und Pfeffer zugeben und die Tofuwürfel gut damit überziehen.

2 Die Zwiebel abziehen und in Streifen schneiden. 1 EL Öl in einer Pfanne erhitzen und die Zwiebel darin anbraten. Den Tofu zugeben und unter ständigem Rühren 5 Minuten braten.

3 Spinat und Rosinen einrühren und den Deckel auflegen. Unter gelegentlichem Umrühren weiterkochen, bis der Spinat gar ist. Mit Basmatireis servieren.

FÜR **4** PERSONEN

VORBEREITEN: 20 MIN.
GAREN: 15 MIN.

INDISCHES TOFU-CURRY
mit Spinat

Zwiebel

500 g
Blattspinat

SALZ
+ PFEFFER
+ SONNEN-
BLUMENÖL

50 g Rosinen

250 g
Tofu

1 EL gemahlener
Kreuzkümmel

¼ TL GERIEBENE
MUSKATNUSS

1 TL
gemahlener
Ingwer

1 TL
gemahlene
Kurkuma

gekochter
Basmatireis

Ersetzen Sie den
Tofu durch Paneer, einen
festen indischen Käse.

GEMÜSESUPPE
mit Thai-Tofu

2 KAROTTEN

100 G CHAMPIGNONS

10-CM-STÜCK PORREE

200 g Tofu

80 ml Nuoc-mâm

3-CM-STÜCK GESCHÄLTER INGWER ODER GALGANT

2 Stängel Zitronengras

1 Limette

4 Kaffir-Limettenblätter

1 TL rote Thai-Currypaste

100 ml Kokosmilch

1 Karotten, Ingwer und hell-grünen Teil des Porrees in feine Streifen, die Champignons in Scheiben und den Tofu in Würfel schneiden. Das Zitronengras längs halbieren und die Limette auspressen.

2 Ingwer, Zitronengras und Limettenblätter mit 2 Litern Wasser zum Kochen bringen und 10 Minuten köcheln lassen. Die Gewürze nach Belieben mit einem Schaumlöffel entfernen.

3 Gemüse, Pilze, Nuoc-mâm, Kokosmilch und Currypaste hinzufügen. Alles 10 Minuten köcheln lassen, dann den Tofu zugeben und 5 Minuten weiter-köcheln. Kurz vor dem Servieren mit Limettensaft beträufeln.

<u>Tipp:</u> Die Suppe kurz vor dem Servieren mit gehackter Chili und Korianderblättern bestreuen.

GEMÜSE – 46

FÜR **4** PERSONEN

VORBEREITEN: 20 MIN.
GAREN: 25 MIN.

Lecker und belebend!

TIKKA-MASALA
mit Tofu

← 4 Knoblauchzehen

1 Zwiebel

300 g Blattspinat

400 g Tofu

200 G KOKOSCREME

SONNEN-BLUMENÖL

1 Limette

½ TL gemahlener Koriander

1 EL geriebener Ingwer

½ TL Chiliflocken

1 EL gemahlener Kreuzkümmel

SALZ UND PFEFFER

1 Zwiebel und Knoblauch abziehen, die Zwiebel würfeln und den Knoblauch pressen. Den Tofu in Würfel schneiden und die Limette auspressen.

2 Zwiebel, Knoblauch, Ingwer und Limettensaft mit den Gewürzen vermengen. Den Tofu darin 1 Stunde im Kühlschrank marinieren.

3 2 EL Öl in einer Pfanne erhitzen und den Tofu darin 10 Minuten unter gelegentlichem Rühren bräunen. Spinat und Kokoscreme einrühren und 5 Minuten köcheln lassen. Mit Reis oder Polenta und bissfest gegartem Gemüse servieren.

GEMÜSE – 48

FÜR 4 PERSONEN

VORBEREITEN: 5 MIN.
MARINIEREN: 1 STD.
GAREN: 15 MIN.

Veggie und sättigend

1 Zwiebeln und Knoblauch abziehen und hacken. Die Auberginen in Würfel schneiden und den Ingwer reiben. 3 EL Öl in einer Pfanne erhitzen und die Zwiebeln darin 2 Minuten dünsten. Auberginen und Knoblauch hinzufügen und 10 Minuten braten.

2 Currypaste, Ingwer und Tomaten einrühren und mit Salz und Pfeffer würzen. 10 Minuten köcheln lassen.

3 Die abgespülten und abgetropften Kichererbsen zugeben und 100 ml Wasser zugießen. Weitere 10 Minuten köcheln lassen. Heiß servieren.

GEMÜSE – 50

FÜR **4** PERSONEN

VORBEREITEN: 20 MIN.
GAREN: 30 MIN.

AUBERGINENCURRY
mit Kichererbsen

2 Zwiebeln

3 Auberginen

SALZ UND PFEFFER

2 EL INDISCHE CURRYPASTE

2 Knoblauch-zehen

2-CM-STÜCK GESCHÄLTER INGWER

400 g gehackte Tomaten aus der Dose

300 g Kichererbsen aus der Dose

SONNEN-BLUMENÖL

Französische
Auberginen
einmal anders!

GEMÜSECURRY
mit Frühlingsgemüse

1 BUND GRÜNER SPARGEL

300 g frische geschälte Erbsen

150 ZUCKERERBSEN

3 FRÜHLINGSZWIEBELN

2 MINI-KAROTTEN

1 Limette

2 Knoblauchzehen

2-cm-Stück geschälter Ingwer oder Galgant

3 EL Nuoc-mâm

1 kleine rote Chilischote

SONNEN-BLUMENÖL

300 ml Kokosmilch

1 Stängel Zitronengras

1 Den Knoblauch abziehen und das Zitronengras halbieren. Den Ingwer reiben und die Chili hacken. Den Spargel in Stücke schneiden. Die Karotten in Scheiben und die Frühlingszwiebeln in Ringe schneiden. Die Limette auspressen.

2 Knoblauch, Zitronengras, Ingwer, Chili und die Hälfte der Frühlingszwiebeln im Standmixer zu einer Paste pürieren. Etwas Öl in einer Pfanne erhitzen und die Paste darin anbraten. Kokosmilch, Nuoc-mâm und Limettensaft zugeben und alles zum Kochen bringen.

3 Karotten und Spargelmittelstücke 5 Minuten mitkochen. Spargelspitzen, Erbsen und Zuckererbsen einrühren und weitere 5 Minuten kochen. Mit Frühlingszwiebeln bestreut servieren.

GEMÜSE – 52

FÜR **4** PERSONEN
VORBEREITEN: 20 MIN.
GAREN: 15 MIN.

Enthält viele gesunde Vitamine!

1 Den Blumenkohl in Röschen zerteilen, Zwiebel und Knoblauch abziehen und zusammen mit der Chili hacken. Den Koriander klein schneiden. Den Blumenkohl 3–4 Minuten in kochendem Wasser blanchieren und abtropfen lassen.

2 2 EL Öl in einer Pfanne erhitzen und Zwiebel, Knoblauch, Chili und Ingwer darin anbraten, dann die Gewürze hinzufügen. Kurz weiterbraten.

3 Den Blumenkohl einrühren und die Kokosmilch mit 100 ml Wasser zugießen. Alles 15 Minuten unter gelegentlichem Rühren köcheln lassen. Mit Mandeln und Koriander bestreut servieren.

GEMÜSE – 54

FÜR **4** PERSONEN

VORBEREITEN: 20 MIN.
GAREN: 25 MIN.

BLUMENKOHLCURRY
mit Kokosmilch

1 Zwiebel

1 Blumenkohl

Korianderblätter

2 EL GERÖSTETE MANDELBLÄTTCHEN

SALZ + PFEFFER + SONNENBLUMENÖL

2 Knoblauchzehen

kleine rote Chilischote

2 TL gemahlene Kurkuma

2 TL gemahlener Kreuzkümmel

1 TL Currypulver

1 TL geriebener Ingwer

300 ml Kokosmilch

So wird der Blumen-
kohl heißgeliebt!

KÜRBISSUPPE
mit Linsen

200 ml Kokosmilch

500 g geschälter Butternut-Kürbis

150 g rote Linsen

2 Stängel Zitronengras

1 Limette

1 rote Zwiebel

1 Stück geschälter Ingwer

SALZ + PFEFFER + SONNEN- BLUMENÖL

2 Knoblauchzehen

2 kleine rote Chilischoten

gehackte Frühlingszwiebeln und Koriander

1 Zwiebel und Knoblauch abziehen und grob hacken. Die Chili ebenfalls hacken. Das Zitronengras halbieren und klein schneiden, die Limette auspressen und den Ingwer reiben. Den Kürbis in grobe Stücke schneiden.

2 Zwiebel, Knoblauch, Zitronengras, Chili (etwas beiseitelegen), Ingwer, Limettensaft und 2 EL Öl im Standmixer zu einer Paste pürieren.

3 Die Paste 5 Minuten in einer Pfanne in Öl braten, dann Kürbis, Linsen, Kokosmilch (etwas aufbewahren), 1 Liter Wasser, Salz und Pfeffer hinzufügen. Alles 25 Minuten köcheln lassen, bis der Kürbis weich ist und die Linsen zerfallen sind.

4 Die Suppe pürieren. Mit Chili, Koriander, Frühlingszwiebel und Kokosmilch garniert servieren.

FÜR **4** PERSONEN
VORBEREITEN: 10 MIN.
GAREN: 30 MIN.

Prima zum
Aufwärmen

THAI-CURRY
mit Pak-Choi, Karotten und Kokosmilch

1 Zwiebel und Knoblauch abziehen und hacken. Die Karotten in feine Scheiben und den Pak-Choi in Viertel schneiden. Den Ingwer reiben.

2 Kokosmilch, Sojasauce, Currypaste, Ingwer und Knoblauch in einem Topf verrühren und zum Kochen bringen.

3 Karotten und Zwiebel dazugeben, dann alles 5 Minuten köcheln lassen. Den Pak-Choi hineingeben und 10 Minuten bei mittlerer Hitze weitergaren. Heiß servieren.

1 ZWIEBEL

2 KAROTTEN

4 Pak-Choi

1 EL grüne Thai-Currypaste

2-cm-Stück geschälter Ingwer

2 EL Sojasauce

250 ml Kokosmilch

2 Knoblauchzehen

GEMÜSE – 58

FÜR **4** PERSONEN
VORBEREITEN: 15 MIN.
GAREN: 20 MIN.

Mit
Mangold statt
Pak-Choi ausprobieren

CURRY
mit buntem Gemüse

1 Handvoll grüne Bohnen

2 Zwiebeln

1 rote Paprikaschote

2 Süßkartoffeln

½ Blumenkohl

125 g kleine Champignons

SALZ UND PFEFFER

200 g passierte Tomaten

2 EL indische Currypaste

SONNEN-BLUMENÖL

1 Die Bohnen in Stücke und die Paprika in Streifen schneiden. Die Zwiebeln abziehen und hacken. Die Pilze ebenfalls hacken. Den Blumenkohl in Röschen zerteilen.

2 2 EL Öl in einer Pfanne erhitzen und die Zwiebeln darin 2 Minuten dünsten. Gemüse, Pilze und 100 ml Wasser hinzufügen. Abgedeckt 10 Minuten köcheln lassen.

3 Currypaste und die passierten Tomaten einrühren. Mit Salz und Pfeffer würzen und abgedeckt 20 Minuten unter gelegentlichem Rühren köcheln lassen. Wenn die Sauce zu stark eindickt, etwas Wasser hinzufügen. Heiß servieren.

GEMÜSE – 60

FÜR **4** PERSONEN

VORBEREITEN: 25 MIN.
GAREN: 35 MIN.

Schmeckt auch mit
anderem Gemüse!

KAROTTEN
mit Kreuzkümmel

800 G KAROTTEN

½ Bund Koriander

1 ZWIEBEL

SALZ
+ PFEFFER
+ SONNEN-
BLUMENÖL

1 EL Kreuzkümmelsamen

2 EL gemahlener Kreuzkümmel

1 EL gemahlene Kurkuma

1 Die Karotten in Scheiben schneiden, die Zwiebel abziehen und hacken. Den Koriander ebenfalls hacken.

2 3 EL Öl in einer Pfanne erhitzen und darin die Kreuzkümmelsamen 1 Minute rösten. Die Zwiebel hinzufügen und einige Minuten braten. Karotten und restliche Gewürze mit 200 ml Wasser hinzugeben. Mit Salz und Pfeffer würzen.

3 Abgedeckt 25 Minuten bei geringer Hitze köcheln lassen, bis die Karotten weich sind. Mit Koriander bestreut servieren.

GEMÜSE – 62

FÜR 4 PERSONEN

VORBEREITEN: 15 MIN.
GAREN: 30 MIN.

Leicht und aromatisch

1 Die Zwiebel abziehen und hacken. 1 EL Öl in einen Topf geben und die Zwiebel darin 5 Minuten dünsten.

2 Den Knoblauch abziehen und zusammen mit dem Ingwer hacken. Knoblauch, Ingwer, Currypulver, Salz und Pfeffer zur Zwiebel geben und 3 Minuten unter Rühren braten. Die Linsen und 1,5 Liter Wasser hinzufügen und alles 20–25 Minuten köcheln lassen, bis die Linsen zerfallen sind.

3 Die Grünkohlstiele entfernen und die Blätter in 2 cm breite Streifen schneiden. Kokoscreme (etwas aufbewahren) und Grünkohl ins Curry geben. Mindestens 5 Minuten mitkochen. Mit einem Spritzer Kokoscreme beträufelt servieren.

FÜR 4 PERSONEN

VORBEREITEN: 20 MIN.
GAREN: 40 MIN.

GRÜNKOHLSUPPE
mit Curry-Linsen

1 EL CURRYPULVER

1 ZWIEBEL

SALZ UND PFEFFER

200 g rote Linsen

1–2 KNOBLAUCHZEHEN

2-CM-STÜCK GESCHÄLTER INGWER

200 g Grünkohl

150 g Kokoscreme

Kokos- oder Sonnenblumenöl

Ersetzen Sie den
Grünkohl durch Wirsing.

ZUCCHINISUPPE
mit Curry und Frischkäse

1 Die Zucchini in Stücke schneiden, die Zwiebeln abziehen und hacken. 2 EL Öl in einem Topf erhitzen, Zucchini und Zwiebeln darin 5 Minuten dünsten. Currypulver, Salz und Pfeffer einrühren, dann 700 ml Wasser und den Brühwürfel zugeben. Abgedeckt 15 Minuten köcheln lassen, bis die Zucchini weich sind.

2 Den Frischkäse (etwas beiseitelegen) zugeben und alles mit dem Stabmixer fein pürieren. Mit dem restlichen Frischkäse garnieren und mit Curry- oder Chilipulver bestreut servieren.

1 Gemüsebrühwürfel

1 kg Zucchini

2 Zwiebeln

OLIVENÖL

150 g Frischkäse

SALZ UND PFEFFER

2 EL INDISCHES CURRYPULVER

FÜR **4** PERSONEN

VORBEREITEN: 15 MIN.
GAREN: 20 MIN.

Eine süße Suppe,
die Kinder lieben!

LINSEN-DHAL
mit Gewürzen

¼ TL Chiliflocken

200 g helle Linsen

1 EL Senfkörner

3 KNOBLAUCHZEHEN

1 TL GERIEBENER INGWER

SALZ UND PFEFFER

1 EL indische Currypaste

2 ZWIEBELN

SONNEN-BLUMENÖL

1 Zwiebeln und Knoblauch abziehen und hacken. 3 EL Öl in einem Topf erhitzen, Zwiebeln, Knoblauch, Ingwer, Gewürze und Currypaste hineingeben und unter Rühren braten, bis die Senfkörner zu platzen beginnen.

2 Die Linsen und das 2,5-fache Volumen Wasser einfüllen. Abgedeckt 30 Minuten köcheln lassen. Nach Bedarf etwas mehr Wasser zugießen. Gegen Ende der Garzeit salzen und pfeffern. Die Linsen sollten sehr zart sein und langsam zerfallen.

3 Mit 1 EL Joghurt und Petersilie servieren und zu Reis oder als Beilage zu gebratenem Fleisch reichen.

FÜR **4** PERSONEN
VORBEREITEN: 10 MIN.
GAREN: 35 MIN.

griechischer Joghurt
und gehackte Petersilie

Alternativ
eignen sich auch
andere Linsensorten.

KÜRBISCURRY
sri-lankische Art

1 GRÜNE CHILISCHOTE
(MENGE NACH BELIEBEN)

1 Zwiebel

500 g Kürbis

1 Knoblauchzehe

FRISCH
GEHACKTER
KORIANDER

10 GETROCKNETE ODER
FRISCHE CURRYBLÄTTER

300 ml
Kokosmilch

½ EL GEMAHLENE
KURKUMA

1 EL CURRYPULVER

¼ TL
Zimtpulver

SALZ
UND
PFEFFER

Das Rezept

1 Zwiebel und Knoblauch abziehen, die Zwiebel hacken und den Knoblauch in feine Scheiben schneiden. Die Chili hacken und den Kürbis in mundgerechte Stücke schneiden.

2 Zwiebel, Knoblauch, Chili, Gewürze, Curryblätter und Kürbis in einen Topf geben. Salzen und pfeffern, zwei Drittel der Kokosmilch und 150 ml Wasser zugießen.

3 Alles zum Kochen bringen, dann 20 Minuten bei sanfter Hitze unter gelegentlichem Rühren köcheln lassen, bis der Kürbis weich ist.

4 Vor dem Servieren die restliche Kokosmilch einrühren und mit Koriander bestreut servieren.

Tipp: Bei einer traditionellen Mahlzeit aus Sri Lanka wird dazu weißer oder roter Reis und/oder ein Hülsenfrüchte-Dhal mit gerösteten Papadams serviert.

GEMÜSE – 70

FÜR **4** PERSONEN
VORBEREITEN: 20 MIN.
GAREN: 20 MIN.

Der Kürbis
zergeht auf der Zunge.

MEINE KLEINE Einkaufsliste

S. 8
Chicken-Curry indische Art
600 g Hähnchenbrustfilet
40 g Rosinen
2 Zwiebeln
frischer Koriander
2 Knoblauchzehen
1 TL gemahlener Kreuzkümmel
3 grüne Kardamomkapseln
1 TL gemahlene Kurkuma
¼ TL geriebene Muskatnuss
1 TL gemahlener Ingwer
¼ TL Chilipulver

S. 10
Chicken-Curry thailändische Art
400 g Hähnchenbrustfilet
1 EL rote Thai-Currypaste
½ Bund Thailändisches Basilikum
2 Schalotten
250 ml Kokosmilch
500 g Brokkoli
2 Limetten
2 EL Nuoc-mâm
1 Stängel Zitronengras

S. 12
Thai-Hühnersuppe mit Kokos
400 g Hähnchenbrustfilet
100 g Reisnudeln
100 g Brokkoli

1 EL grüne Thai-Currypaste
200 g Champignons
500 ml Kokosmilch
100 ml Nuoc-mâm
1 Limette

S. 14
Chicken-Curry mit Cashewkernen
2 EL Sojasauce
400 g Hähnchenbrustfilet
100 g ungesalzene Cashewkerne
250 g Champignons
2 EL Speisestärke
1 Zwiebel
1 EL Currypulver
2 Frühlingszwiebeln

S. 16
Chicken-Curry vietnamesische Art
4 Hähnchenschenkel
1 Zwiebel
2 EL Currypulver
2 Stängel Zitronengras
Frühlingszwiebeln
250 ml Kokosmilch

S. 18
Colombo – kreolisches Curry
1 Lorbeerblatt
3 EL Colombo-Gewürzpulver

1 Gemüsebrühwürfel
50 g Rosinen
1 Limette
800 g Schweinefleischgulasch
2 EL Tomatenmark
2 Knoblauchzehen

S. 20
Lammcurry indische Art
200 g gehackte Tomaten
  aus der Dose
800 g Lammschulter
2 Zwiebeln
4 grüne Kardamomkapseln
1 TL Chilipulver
3 Knoblauchzehen
½ EL geriebener Ingwer
1 EL gemahlene Kurkuma
1 EL gemahlener Kreuzkümmel
frischer Koriander

S. 22
Massaman-Curry mit Rind und Kartoffeln
600 g Rumpsteak
1 Limette
2 EL Massaman-Currypaste
400 ml Kokosmilch
50 g gesalzene
  Erdnusskerne
1 Zimtstange
2 EL Rohrzucker
2 Zwiebeln

4 festkochende Kartoffeln
Frühlingszwiebel

S. 24
Fleischbällchencurry mit Rind
1 Zwiebel
500 g Rinderhackfleisch
½ Bund frischer Koriander
1 EL gemahlene Kurkuma
1 TL gemahlener Ingwer
2 EL Madras-Currypulver
Basmatireis
rote Chilischote
frischer Koriander
1 Ei

S. 26
Rotes Thai-Curry mit Garnelen und Kokos
1 Stängel Zitronengras
2 Schalotten
2 Limetten
1 TL rote Thai-Currypaste
250 ml Kokosmilch
Thailändisches Basilikum oder
  frischer Koriander
Frühlingszwiebel
400 g küchenfertige rohe
  Riesen-Garnelen
2 EL Nuoc-mâm
2 Zucchini

– Grammangaben beziehen sich auf geputzte Ware

– Zu allen Gerichten benötigen Sie abhängig vom Rezept noch Öl, Salz und Pfeffer

Rezeptverzeichnis

Danksagung

Isabelle Guerre bedankt sich herzlich bei Le Creuset für die kleinen Keramik-Woks.

ISBN 978-3-8094-4201-1

1. Auflage

Für die deutsche Ausgabe
Umschlaggestaltung: Atelier Versen, Bad Aibling
Herstellung: Elke Cramer
Projektleitung: Anja Halveland

Für die französische Originalausgabe
Direction de la publication: Isabelle Jeuge-Maynart et Ghislaine Stora
Direction éditoriale: Émilie Franc
Édition: Ewa Lochet
Conception graphique: Émilie Laudrin
Informatique éditoriale: Philippe Cazabet
Mise en page: Domitille Pautonnier
Couverture: Maeva Lebegue
Fabrication: Donia Faiz

Piktogramme: © Shutterstock: Kapreski: p. 12, 45, 69; v Krstos Georghiou: p. 8; KsanaGraphica: p. 53, 61, 63, 71; Marish: p. 5, 27, 31, 37, 53, 61; Notkoo: 12, 15, 39, 39, 47, 49, 57, 67; Tribalium: p. 19, 35, 41; VKA: p. 65.
© Thinkstock (coll. iStock): p. 23, 43

Realisierung der deutschen Ausgabe: trans texas publishing services GmbH, Köln
Übersetzung: Antje Seidel, Köln

Druck & Bindung: Těšínská tiskárna, Český Těšín

Printed in the Czech Republic

Verlagsgruppe Random House FSC® N001967